LA CPU PER PRINCIPIANTI

Come funziona un processore per computer. Tutto quello che devi sapere su GHz, 64 bit, cache e clock

Si parla sempre di cache, di GHz, di clock, ma come funziona davvero un processore? Da dove arrivano i termini che conosciamo e che usiamo tutti i giorni. Ecco una guida semplice per capirlo.

Ci siamo resi conto che in tutti questi anni abbiamo parlato tantissimo di processori, sono ovunque ormai, ma non abbiamo mai creato un articolo completo e approfondito per spiegare, in modo semplice, come funziona un processore, come è fatto, come si progetta e come si costruisce.

Crediamo che sia arrivato il momento di rimediare: Ghz, cache e nanometri sono parole che oggi tanti usano ma in molti casi non c'è una conoscenza precisa di cosa sono davvero e di cosa cambia al variare di uno di questi parametri.

Questo non è un articolo, è una "mini-serie": condensare tutto in un unico pezzo sarebbe complicatissimo, quindi lo abbiamo spezzato in più parti. Partiamo dalla base dei processori, per arrivare alla sua produzione. Chi ha letto "Computer Architecture" di John Hennessy e David Patterson ci perdonerà se su alcuni punti siamo un po' approssimativi, ma cercheremo di essere il più chiari possibile per permettere a tutti di capire come funziona e come viene costruito oggi un processore.

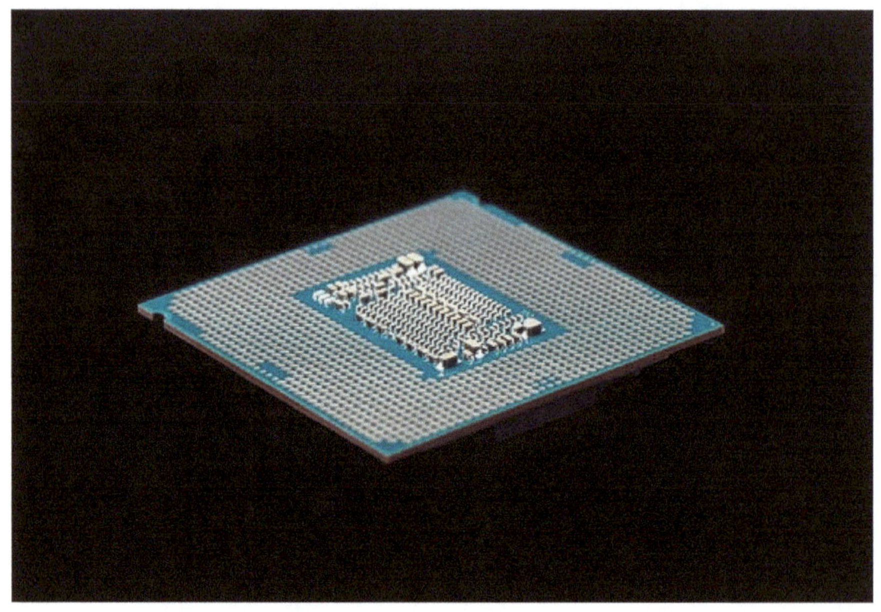

Cos'è un processore?

Il processore viene definito "il cervello" del computer perché è quell'elemento che, esattamente come il cervello, esegue operazioni. Il processore è un elemento che esegue uno specifico set di operazioni su un determinato numero di elementi.

Operazioni che possono anche essere una banale somma: un processore legge i valori da due elementi in memoria, somma questi valori e scrive il risultato sempre sulla memoria in una posizione differente. Le operazioni possono essere di diversi tipi, aritmetiche come l'addizione, la sottrazione o l'incremento di un valore, oppure operazioni logiche, come AND o OR.

Quando viene eseguito un programma, il processore non fa altro che leggere tutte le istruzioni contenute in quel programma eseguendole, dalla prima all'ultima. Istruzioni che però devono essere scritte in un linguaggio a lui comprensibile, e non è facile: il linguaggio che un processore conosce bene è un linguaggio che noi umani

facciamo molta fatica a scrivere, perché è tutto fatto da una sequenza di "vero" e di "falso", che equivalgono a 1 e 0.

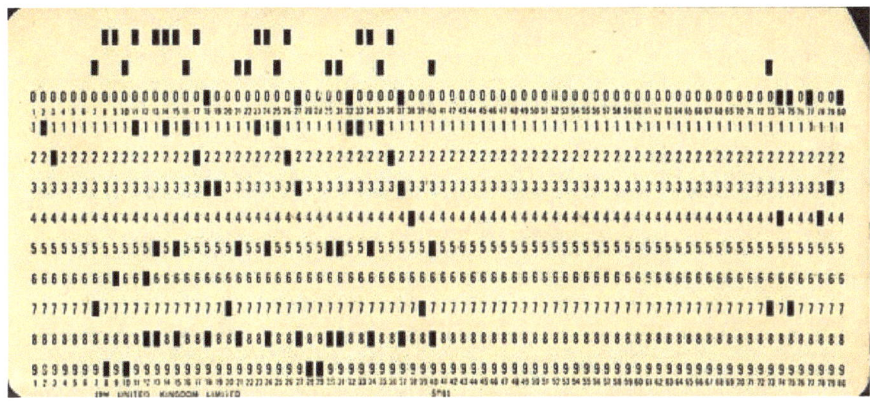

La sequenza di 1 e di 0 che mostriamo qui sotto è il modo in cui un processore capisce quello che forse è il codice più famoso nel mondo della programmazione, "Hello World".

01001000 01100101 01101100 01101100 01101111 00100000
01010111 01101111 01110010 01101100 01100100

Solo immaginare di scrivere un intero programma in questo modo fa venire il mal di testa: i primi programmi venivano effettivamente scritti in questo modo, ma quando i programmatori hanno iniziato a dare in pasto ai computer programmi con molte più istruzioni, e quindi più complessi, si è dovuta trovare una soluzione. Nasce quello che viene chiamato "Linguaggio Assemblativo", o meglio Assembly, un linguaggio simile a quello che viene capito dalla macchina: è più corto, utilizza non solo 1 e 0 ma anche caratteri e numeri. Il nostro "Hello World", da lunghissima sequenza di 1 e 0, potrebbe diventare un più stringato

48656C6C6F20576F726C64

Il linguaggio Assembly viene poi convertito in linguaggio macchina usando un interprete o un assemblatore detto "Assembler". Sebbene si parli di linguaggio Assembly, in realtà non esiste un solo linguaggio Assembly: la sua struttura e la sua sintassi è legata strettamente ad uno specifico di tipo di CPU, di processore. Un

programma Assembly non è altro che un file composto da una sequenza di istruzioni che definiscono quelle che poi sono le istruzioni, o operazioni, che una macchina deve eseguire. Queste vengono definite Instruction Set Architecture o ISA.

Free & Open RISC-V Reference Card ①

Base Integer Instructions: RV32I, RV64I, and RV128I

Category	Name	Fmt	RV32I Base	+RV{64,128}
Loads	Load Byte	I	LB rd,rs1,imm	
	Load Halfword	I	LH rd,rs1,imm	
	Load Word	I	LW rd,rs1,imm	L{D|Q} rd,rs1,imm
	Load Byte Unsigned	I	LBU rd,rs1,imm	
	Load Half Unsigned	I	LHU rd,rs1,imm	L{W|D}U rd,rs1,imm
Stores	Store Byte	S	SB rs1,rs2,imm	
	Store Halfword	S	SH rs1,rs2,imm	
	Store Word	S	SW rs1,rs2,imm	S{D|Q} rs1,rs2,imm
Shifts	Shift Left	R	SLL rd,rs1,rs2	SLL{W|D} rd,rs1,rs2
	Shift Left Immediate	I	SLLI rd,rs1,shamt	SLLI{W|D} rd,rs1,shamt
	Shift Right	R	SRL rd,rs1,rs2	SRL{W|D} rd,rs1,rs2
	Shift Right Immediate	I	SRLI rd,rs1,shamt	SRLI{W|D} rd,rs1,shamt
	Shift Right Arithmetic	R	SRA rd,rs1,rs2	SRA{W|D} rd,rs1,rs2
	Shift Right Arith Imm	I	SRAI rd,rs1,shamt	SRAI{W|D} rd,rs1,shamt
Arithmetic	ADD	R	ADD rd,rs1,rs2	ADD{W|D} rd,rs1,rs2
	ADD Immediate	I	ADDI rd,rs1,imm	ADDI{W|D} rd,rs1,imm
	SUBtract	R	SUB rd,rs1,rs2	SUB{W|D} rd,rs1,rs2
	Load Upper Imm	U	LUI rd,imm	
	Add Upper Imm to PC	U	AUIPC rd,imm	
Logical	XOR	R	XOR rd,rs1,rs2	
	XOR Immediate	I	XORI rd,rs1,imm	
	OR	R	OR rd,rs1,rs2	
	OR Immediate	I	ORI rd,rs1,imm	
	AND	R	AND rd,rs1,rs2	
	AND Immediate	I	ANDI rd,rs1,imm	
Compare	Set <	R	SLT rd,rs1,rs2	
	Set < Immediate	I	SLTI rd,rs1,imm	
	Set < Unsigned	R	SLTU rd,rs1,rs2	
	Set < Imm Unsigned	I	SLTIU rd,rs1,imm	
Branches	Branch =	SB	BEQ rs1,rs2,imm	
	Branch ≠	SB	BNE rs1,rs2,imm	
	Branch <	SB	BLT rs1,rs2,imm	
	Branch ≥	SB	BGE rs1,rs2,imm	
	Branch < Unsigned	SB	BLTU rs1,rs2,imm	
	Branch ≥ Unsigned	SB	BGEU rs1,rs2,imm	
Jump & Link J&L		UJ	JAL rd,imm	
	Jump & Link Register	UJ	JALR rd,rs1,imm	
Synch	Synch thread	I	FENCE	
	Synch Instr & Data	I	FENCE.I	
System	System CALL	I	SCALL	
	System BREAK	I	SBREAK	
Counters	ReaD CYCLE	I	RDCYCLE rd	
	ReaD CYCLE upper Half	I	RDCYCLEH rd	
	ReaD TIME	I	RDTIME rd	
	ReaD TIME upper Half	I	RDTIMEH rd	
	ReaD INSTR RETired	I	RDINSTRET rd	
	ReaD INSTR upper Half	I	RDINSTRETH rd	

RV Privileged Instructions

Category	Name	RV mnemonic
CSR Access	Atomic R/W	CSRRW rd,csr,rs1
	Atomic Read & Set Bit	CSRRS rd,csr,rs1
	Atomic Read & Clear Bit	CSRRC rd,csr,rs1
	Atomic R/W Imm	CSRRWI rd,csr,imm
	Atomic Read & Set Bit Imm	CSRRSI rd,csr,imm
	Atomic Read & Clear Bit Imm	CSRRCI rd,csr,imm
Change Level	Env. Call	ECALL
	Environment Breakpoint	EBREAK
	Environment Return	ERET
Trap Redirect to Supervisor		MRTS
	Redirect Trap to Hypervisor	MRTH
	Hypervisor Trap to Supervisor	HRTS
Interrupt Wait for Interrupt		WFI
MMU	Supervisor FENCE	SFENCE.VM rs1

Optional Compressed (16-bit) Instruction Extension: RVC

Category	Name	Fmt	RVC	RVI equivalent
Loads	Load Word	CL	C.LW rd',rs1',imm	LW rd',rs1',imm*4
	Load Word SP	CI	C.LWSP rd,imm	LW rd,sp,imm*4
	Load Double	CL	C.LD rd',rs1',imm	LD rd',rs1',imm*8
	Load Double SP	CI	C.LDSP rd,imm	LD rd,sp,imm*8
	Load Quad	CL	C.LQ rd',rs1',imm	LQ rd',rs1',imm*16
	Load Quad SP	CI	C.LQSP rd,imm	LQ rd,sp,imm*16
Stores	Store Word	CS	C.SW rs1',rs2',imm	SW rs1',rs2',imm*4
	Store Word SP	CSS	C.SWSP rs2,imm	SW rs2,sp,imm*4
	Store Double	CS	C.SD rs1',rs2',imm	SD rs1',rs2',imm*8
	Store Double SP	CSS	C.SDSP rs2,imm	SD rs2,sp,imm*8
	Store Quad	CS	C.SQ rs1',rs2',imm	SQ rs1',rs2',imm*16
	Store Quad SP	CSS	C.SQSP rs2,imm	SQ rs2,sp,imm*16
Arithmetic	ADD	CR	C.ADD rd,rs1	ADD rd,rd,rs1
	ADD Word	CR	C.ADDW rd,rs1	ADDW rd,rd,imm
	ADD Immediate	CI	C.ADDI rd,imm	ADDI rd,rd,imm
	ADD Word Imm	CI	C.ADDIW rd,imm	ADDIW rd,rd,imm
	ADD SP Imm * 16	CI	C.ADDI16SP x0,imm	ADDI sp,sp,imm*16
	ADD SP Imm * 4	CIW	C.ADDI4SPN rd',imm	ADDI rd',sp,imm*4
	Load Immediate	CI	C.LI rd,imm	ADDI rd,x0,imm
	Load Upper Imm	CI	C.LUI rd,imm	LUI rd,imm
	MoVe	CR	C.MV rd,rs1	ADD rd,rs1,x0
	SUB	CR	C.SUB rd,rs1	SUB rd,rd,rs1
Shifts Shift Left Imm		CI	C.SLLI rd,imm	SLLI rd,rd,imm
Branches Branch=0		CB	C.BEQZ rs1',imm	BEQ rs1',x0,imm
	Branch≠0	CB	C.BNEZ rs1',imm	BNE rs1',x0,imm
Jump	Jump	CJ	C.J imm	JAL x0,imm
	Jump Register	CR	C.JR rd,rs1	JALR x0,rs1,0
Jump & Link J&L		CJ	C.JAL imm	JAL ra,imm
	Jump & Link Register	CR	C.JALR rs1	JALR ra,rs1,0
System Env. BREAK		CI	C.EBREAK	EBREAK

32-bit Instruction Formats

	31	30 ... 25	24 ... 21 20	19 ... 15	14 ... 12	11 ... 8 7	6 ... 0
R	funct7		rs2	rs1	funct3	rd	opcode
I	imm[11:0]			rs1	funct3	rd	opcode
S	imm[11:5]		rs2	rs1	funct3	imm[4:0]	opcode
SB	imm[12]	imm[10:5]	rs2	rs1	funct3	imm[4:1] imm[11]	opcode
U	imm[31:12]					rd	opcode
UJ	imm[20]	imm[10:1]	imm[11]	imm[19:12]		rd	opcode

16-bit (RVC) Instruction Formats

	15 14 13	12	11 10 9 8 7	6 5 4 3 2	1 0
CR	funct4		rd/rs1	rs2	op
CI	funct3	imm	rd/rs1	imm	op
CSS	funct3		imm	rs2	op
CIW	funct3		imm	rd'	op
CL	funct3	imm	rs1'	imm · rd'	op
CS	funct3	imm	rs1'	imm · rs2'	op
CB	funct3	offset	rs1'	offset	op
CJ	funct3		jump target		op

RISC-V Integer Base (RV32I/64I/128I), privileged, and optional compressed extension (RVC). Registers x1-x31 and the pc are 32 bits wide in RV32I, 64 in RV64I, and 128 in RV128I (x0=0). RV64I/128I add 10 instructions for the wider formats. The RVI base of <50 classic integer RISC instructions is required. Every 16-bit RVC instruction matches an existing 32-bit RVI instruction. See risc.org.

Abbiamo fatto questa premessa, magari non necessaria, perché è proprio da questo set di istruzioni legate ad una architettura che oggi vengono distinte le diverse soluzioni adottate nel mondo del computing. x86, quindi l'architettura alla base dei processori Intel o AMD, ARM, alla base dei processori per smartphone, MIPS, RISC-V, PowerPC e così via non sono altro che alcuni degli ISA più

famosi. Ogni architettura ha un numero variabili di istruzioni:
RISC-V, che è uno dei pochi insiemi di istruzioni open source, ha
circa un centinaio di istruzioni, mentre non è possibile sapere
quante siano le istruzioni di un architettura come quella x86 che è
proprietaria: si stima possano essere qualche migliaia, ma non c'è
un numero preciso. Potrebbero anche essere 10.000.

Quando si dice che Apple che progetta i suoi processori ARM,
Apple non fa altro che acquisire da ARM la licenza per utilizzare un
set di istruzioni, e in base a questo set di istruzioni crea i
processori. Il primo Apple A4 usava le istruzioni ARMv6, il più
recente A13 usa le ARMv8.4-A.

Oggi i programmatori scrivono parlando ai processori in due modi:
usando l'Assembly, complesso ma più veloce, oppure con
linguaggi ad alto livello, la via più facile. "Hello World", in Ruby, è
semplicemente

puts 'Hello World'

Il codice scritto in linguaggio "umano" viene a sua volta convertito
in Assembly e poi in linguaggio macchina, la lingua che un
processore capisce. Si potrebbero creare processori con set di
istruzioni simili a quelle dei linguaggi usati da tutti, come Python o
Ruby? Si potrebbe, ma questo comporterebbe la realizzazione di
CPU troppo complesse e quindi costose.

Un linguaggio ad alto livello può inoltre essere compilato e
eseguito su diversi modelli di CPU, quindi un programmatore può
scegliere di scrivere un codice nel linguaggio che più preferisce:
alla fine, "Hello World", anche partendo da 30 linguaggi diversi di
programmazione, quando viene eseguito dalla CPU sarà sempre la
solita identica stringa di 1 e di 0.

ARM e x86, due concetti differenti

Le ISA, o Instruction Set Architecture, possono essere di due tipi: o a lunghezza fissa o a lunghezza variabile. Nel primo caso si parla di RISC, e ARM vuol dire proprio Advanced RISC Machine, nel caso di Intel e di architetture x86 si parla invece di CISC.

Partiamo dalle CISC, Complex Instruction Set Computer: come dice il nome stesso siamo davanti ad un sistema dove per elaborare i dati viene utilizzato un set di istruzioni complesse. Lo abbiamo detto: una architettura x86 ha un numero di istruzioni molto più alto, diverse migliaia.

Per capire le differenze usiamo un esempio banalissimo: una moltiplicazione tra due numeri.

Un processore, per moltiplicare due numeri, deve accedere a questi due numeri caricandoli dalla memoria (in realtà dai registri, ma non andremo così nel dettaglio). I dati in memoria sono organizzati su righe e colonne, quindi se vogliamo moltiplicare il valore del numero memorizzato nella riga 1 colonna 3 della memoria, con quello memorizzato nella riga 3 colonna 6, l'operazione è più o meno questa:

MULT 1:3, 3:6

MULT è una istruzione complessa: agisce direttamente sulla memoria, preleva i valori, calcola il risultato e si preoccupa anche di salvarlo.

Una istruzione di questo tipo richiede meno memoria, e ha un vantaggio: il compilatore che deve tradurre un linguaggio come il C, o come ad esempio Ruby o Python, fa molta meno fatica, perché si trova davanti ad una istruzione già pronta implementata a livello hardware dal processore. Le cpu CISC, come quelle x86 Intel, hanno già all'interno molte istruzioni che vengono gestite direttamente dall'hardware del processore.

RISC vuole invece dire "Reduced Instruction Set Computer", quindi computer che può lavorare con un set di istruzioni ridotto.

Lo abbiamo visto prima, una architettura come la RISC-V ha circa un centinaio di istruzioni. Siamo davanti ad una architettura snella, che per eseguire un calcolo può accedere a pochissime istruzioni fondamentali.

Prendiamo la stessa operazione di prima. Un sistema RISC la eseguirebbe in questo modo:

LOAD A, 1:3

Questa istruzione dice al processore: carica il valore dalla memoria alla posizione 1:3 e mettilo in un registro.

LOAD B, 5:2

Seconda istruzione: carica il valore dalla memoria alla posizione 5:2 e mettilo in un registro

PROD A, B

Terza istruzione, moltiplica il valore contenuto dei due registri A e B

STORE 1:4, A

Ultima istruzione, salva il risultato della moltiplicazione nella posizione 1:4 della memoria.

Questo a prima vista potrebbe sembrare molto meno efficiente: per fare quello che un processore di tipo CISC faceva in una volta sola servono 4 operazioni distinte. Gran parte del lavoro viene svolto, in quest'ultimo caso, dal compilatore che deve prendere il linguaggio ad alto livello e creare l'elenco di istruzioni fondamentali che servono al programma per funzionare.

Serve anche più memoria, ed il motivo per il quale storicamente ha preso piede la soluzione CISC è dovuta al fatto che le memorie costavano tantissimo, e inizialmente erano anche lente, nastri magnetici, quindi una soluzione come questa era svantaggiosa in termini economici.

Tuttavia se guardiamo al tempo o alle prestazioni, per svolgere queste operazioni più semplici potrebbe servire meno tempo, meno "cicli di clock".

Questa è storia, la realtà oggi è che né i processori ARM né i processori x86 seguono più questa logica basilare. Non si può più dire che un Core i5 è un processore CISC o che un Cortex A78 ARM è una RISC. Esistono ancora degli elementi di base, ma l'evoluzione ha portato questi processori ad essere un proporzionato mix delle diverse soluzioni.

Il ciclo di una operazione e i Ghz della CPU

Un processore è composto da due blocchi, quello che si chiama Control Unit e quello che si chiama Aritmetic Unit. Questi due blocchi sono fondamentali per eseguire e gestire i quattro passaggi che costituiscono un ciclo operativo del processore.

C'è la fase di Fetch, ovvero quella fase dove viene caricato il dato dalla memoria. C'è la fase "Decode", decodifica, dove il processore capisce che tipo di istruzione deve usare, nel caso dell'esempio sopra la moltiplicazione. C'è poi l'esecuzione, che usa l'unità aritmetica, quella di calcolo, per calcolare il risultato e infine quella di "store" che salva i risultati sulla memoria.

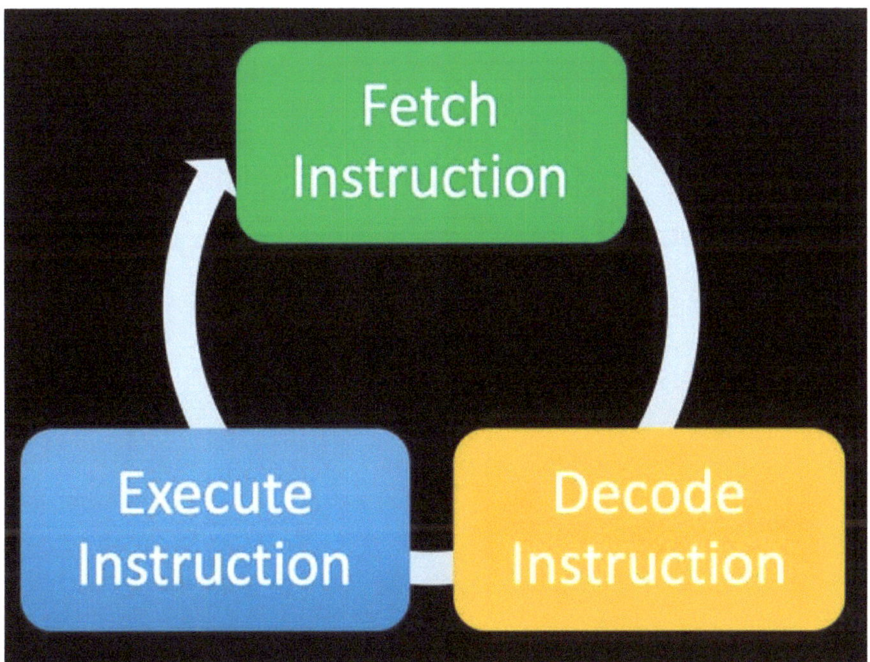

Questo ciclo viene eseguito in ripetizione per ogni istruzione.

Cosa sono 64 bit e 32 bit, di cui si parla spesso? Si potrebbe semplificare dicendo che si tratta della quantità di informazioni che un processore può gestire allo stesso tempo. Una architettura a 64 bit può gestire il doppio dei dati che può gestire una architettura a 32 bit.

Qualcuno si ricorderà ai tempi di Windows 7 quando si parlava dei limiti di memoria di 4 GB? Ogni byte ha un differente indirizzo in memoria, e in un sistema a 32 bit questi indirizzi sono 232, esattamente 4 GB. In un sistema a 32 bit i processori non possono gestire più di 4 GB di memoria per applicazione. Limite che è caduto con i 64 bit.

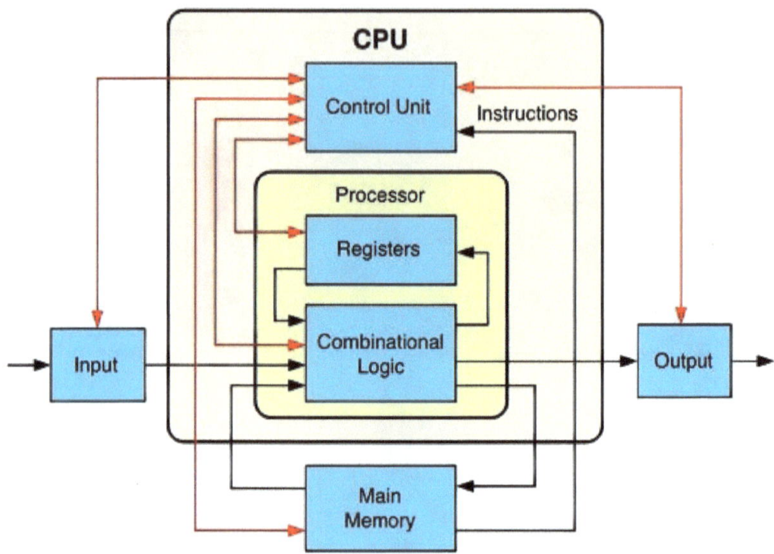

Dall'esecuzione dei cicli, composti da queste quattro fasi, si ricava anche la velocità del processore. La velocità, che solitamente esprimiamo in GHz, è proprio questa: i cicli di lavoro vengono gestiti da un "clock", un orologio, e ad ogni tick di questo orologio la CPU processa una istruzione. La velocità di clock si misura in cicli al secondo, e un ciclo per secondo è 1 Hz. Un processore da 3.2 GHz è un processore che può elaborare 3.2 miliardi di operazioni (o cicli) al secondo: quindi fetch, decode, execute e store per 3.2 miliardi di volte in un secondo.

Abbiamo semplificato molto, perché oggi un processore moderno è molto più complesso e può fare più operazioni in un ciclo di clock come può richiedere per una operazione complessa più cicli. Inoltre esiste anche la "pipeline", ovvero l'utilizzo contemporaneo dei diversi stadi: un processore non aspetta che sia finito un intero ciclo per dare vita ad un nuovo ciclo, tutto avviene in modo armonico, continuo: l'unità matematica continua a fare operazioni mentre un'altra unità organizza i valori nei registri per prepararli alle operazioni.

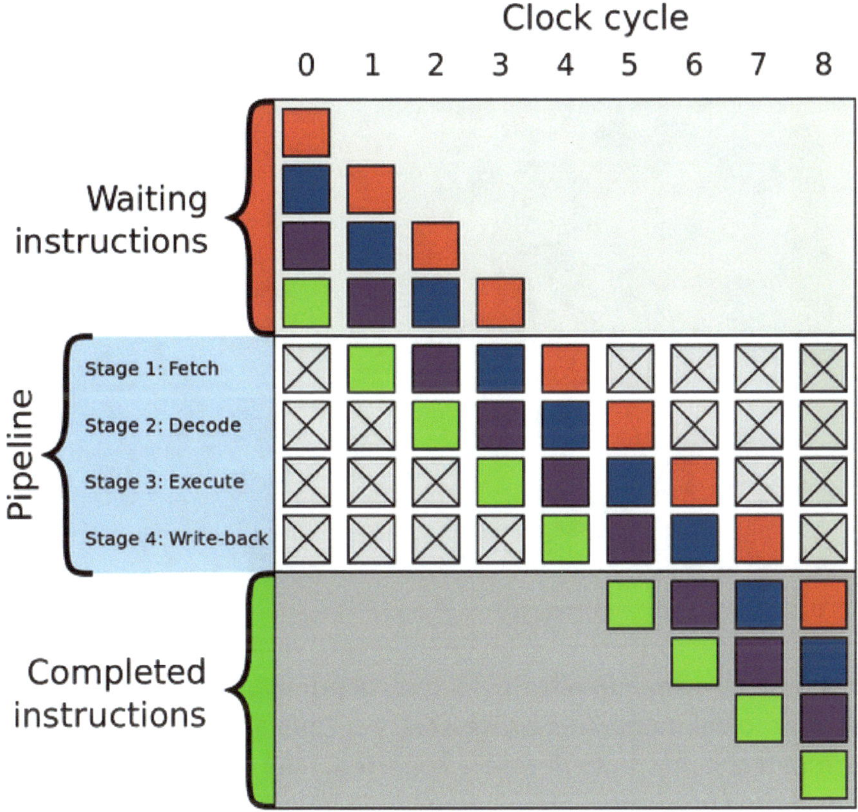

Il processore decide anche quale operazione ha la priorità, e quale invece può aspettare, in base anche alla complessità. Se diverse operazioni sono in attesa e sono disgiunte tra loro, un processore può anche eseguirle contemporaneamente.

Il nome commerciale più famoso di questa modalità di eseguire più operazioni contemporaneamente è l'Hyperthreading di Intel. Esatto, Hyperthreading è il nome con cui Intel ha pubblicizzato il Simultaneous Multi-Threading, ovvero il fatto di aver raddoppiato alcune zone all'interno dello stesso core per svolgere in parallelo più operazioni. Lo stesso Threadripper di AMD ne ha fatte il cavallo di battaglia per tutte quelle applicazioni che necessitano ampie capacità di parallelizzazione.

Perché è importante la cache

Ci stiamo avvicinando alla fine di questa prima parte di viaggio all'interno del mondo dei processori, e ci sono ancora alcuni elementi che meritano di essere coperti perché sono in relazione ai dati che i produttori rilasciano quando vendono un processore. Ci sarebbero tantissimi altri moduli di cui parlare, un processore moderno è una macchina complessa formata da tantissimi piccoli blocchetti, ma quello che forse oggi riveste un ruolo fondamentale, anche per le prestazioni, è la cache.

La cache è una memoria, come un SSD o la stessa RAM. La differenza però è che ci troviamo davanti ad una memoria con una latenza bassissima e una velocità altissima.

Oggi le RAM sono veloci, ma proviamo a pensare ad un processore che lavora a 3.2 Ghz e quindi deve fare 3.2 miliardi di operazioni ogni secondo: la quantità di dati a cui deve accedere è enorme, e si corre il rischio, usando solo la RAM, di avere dei momenti in cui il processore non ha dati da elaborare.

La "cache" è una sorta di sala d'attesa per i valori che devono essere processati, ed è solitamente divisa in tre livelli: la cache di primo livello è la più piccola e anche la più veloce, ed è il posto dove il processore cerca per primo i dati. Se non li trova guarda nella cache di secondo livello, poi in quella di terzo livello e infine va a cercare nella RAM. L'accesso ad una valore in cache richiede due o tre cicli, l'accesso allo stesso valore, sul più veloce SSD esistente oggi, potrebbe richiedere circa 10.000 cicli. La cache è oggi indispensabile.

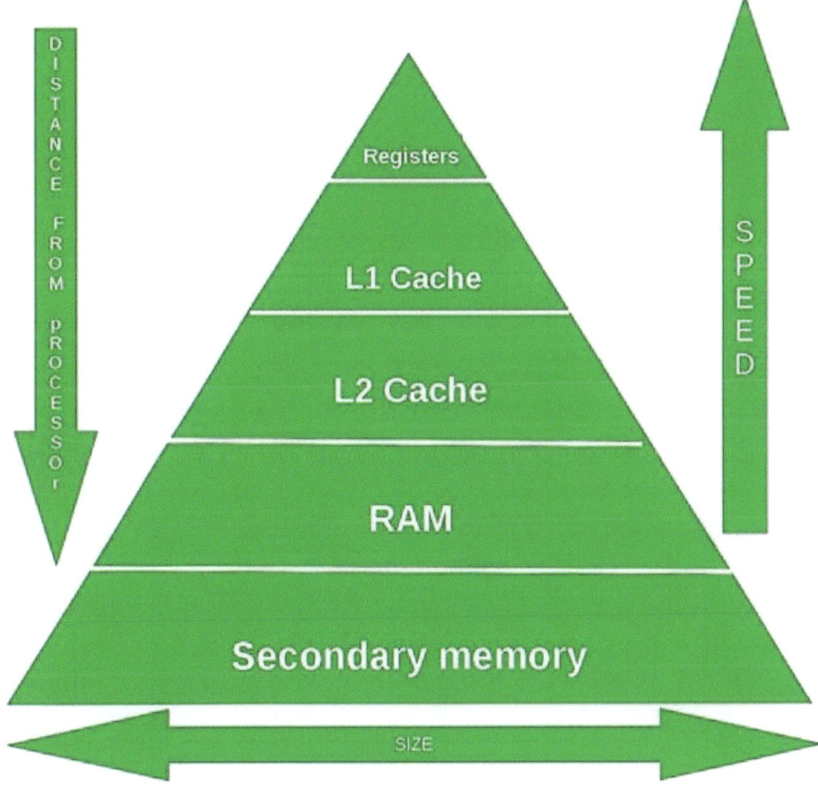

Esistono diversi livelli di cache perché queste sono distribuite tra i vari core dei processori moderni: ogni core di un processore multicore ha una cache di primo livello dedicata, dove vengono memorizzati i valori e le operazioni in attesa di esecuzione. La dimensione di questa cache è solitamente di poche decine di KB: un Intel Core i9 10900T ha una cache di primo livello di 64K.

La cache di secondo livello è anche lei dedicata al singolo core, ed è un po' più grande di quella di primo livello, 256K nel caso del processore sopra. Poi c'è la cache L3, condivisa tra tutti i core: qui si parla di MB, e infatti il Core i9 top di gamma Intel ha 20 MB di cache.

La cache esiste per evitare che il processore debba richiedere i valori alla memoria, ed è ovvio che più un processore è veloce più ampia deve essere la cache. La cache, inutile dirlo, è costisissima.

In realtà esiste un altro posto dove i dati vengono sistemati prima dell'elaborazione, i famosi registri: i registri sono la memoria più veloce disponibile all'interno di una CPU, circa 1 KB accessibili all'istante: i registri sono i posti dove il processore parcheggia i dati durante una operazione semplice o complessa.

C'è infine un ultimo blocco importantissimo all'interno dei processori moderni ed è quello che viene chiamato BPU (Branch Prediction Unit), in italiano unità che si occupa della predizione delle diramazioni. Abbiamo visto come i processori moderni non lavorano a cicli singoli, ma eseguono in parallelo moltissimi cicli. E spesso devono iniziare a caricare i dati ed eseguire un ciclo senza ancora sapere se quel ciclo lo devono continuare o terminare, perché la sua esecuzione è legata al risultato di un'altra operazione che ancora non è stata portata a termine. Pensiamo al classico "IF - ELSE" o ad un "loop", dove un computer deve eseguire una cosa fino a quando succede un'altra cosa. Come può sapere quando fermarsi?

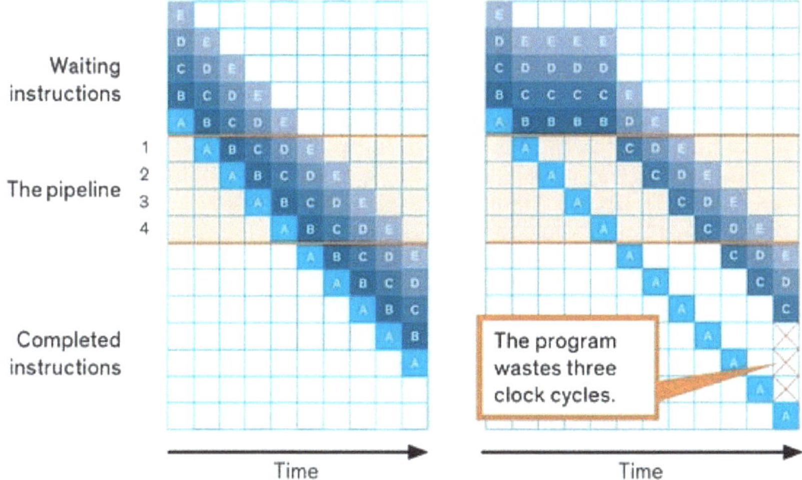

Tira a indovinare, e la BPU è un sistema che cerca di capire quali sono le operazioni più frequenti, si ricorda del risultato e decide quale operazione far eseguire prima ancora che questa sia finita ipotizzando un risultato. L'esempio che si fa più spesso è quello di una persona ad un bivio: chi non è in grado di leggere le tracce tira a caso, se sbaglia è costretto a tornare indietro, chi invece riesce a leggere le tracce e ha un po' di intuito spesso prende la strada giusta e non spreca così cicli.

Un'ottima unità di Branch Prediction aiuta il processore a capire, soprattutto di fronte a "loop" o a bivii, se una operazione continuerà, e quindi deve caricare i valori dalla cache, oppure si interromperà, evitando così di sprecare risorse. Il Branch Prediction è accompagnato dalla Speculation, ovvero da un sistema che prova a indovinare quello che sarà il risultato di una operazione: se poi, ad operazione finita, il risultato sarà davvero quello il processore non dovrà fare nulla perché grazie alla previsione azzeccata il valore è già stato anche scritto in memoria.

Spectre e Meltdown, I famosi bug che hanno colpito tutti i processori Intel, sfruttavano una vulnerabilità del sistema di previsione.

Come si progetta il processore di un computer e come funzionano i transistor

Come è possibile che un pezzo di silicio possa eseguire una istruzione banale per noi umani, come sommare due numeri? Lo vediamo insieme, partendo proprio da quello che è l'elemento alla base di tutto, il transistor.

Ogni volta che si parla di un processore vengono citati, per indicare la potenza e la complessità di quel processore, i miliardi di transistor al suo interno. I transistor sono semiconduttori, e non sono altro che porte (gate) che vengono controllate dall'elettricità. Pensate ad un ponte levatoio: se il ponte è alzato la corrente non passa, se il ponte è abbassato la corrente passa.

Il transistor è simile: è un componente che ha tre pin: uno è l'ingresso (source), uno l'uscita (drain) e l'altro è il "controllo" o "gate": se sul pin di controllo c'è corrente, allora l'elettricità può passare dal pin d'ingresso verso l'uscita. Una interruttore, che al posto di essere azionato a mano viene azionato dalla corrente.

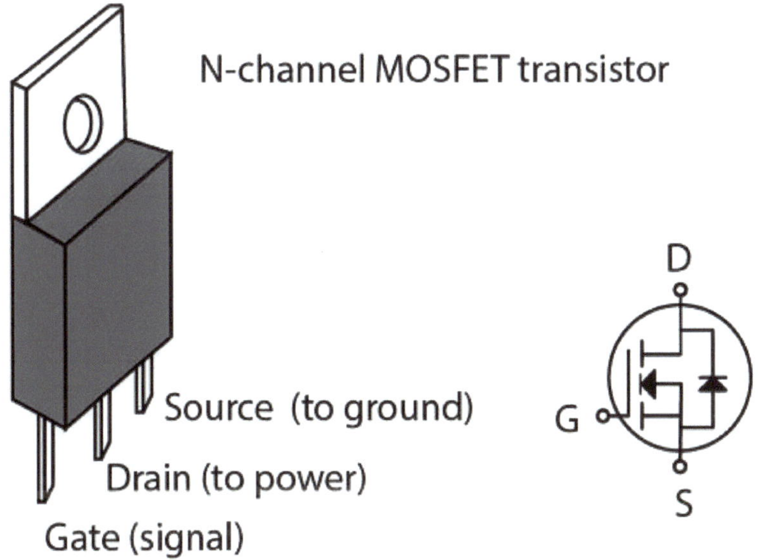

Non entreremo nel dettaglio di come funziona un transistor, basta sapere che applicando corrente al "gate" si apre un canale che permette al flusso di elettroni di fluire dal pin denominato source al pin denominato drain, attraversando il semiconduttore stesso.

Zero parti meccaniche, la sola elettricità viene usata per far passare o meno altra elettricità.

Il fatto di applicare o meno corrente può essere visto come 1 o 0, quindi il nostro linguaggio binario: 1 c'è corrente, 0 non c'è corrente. 1 la porta è aperta, 0 la porta è chiusa.

Dal transistor alla porta logica

Un solo transistor è un interruttore, ma cosa succede se accoppiamo tra loro diversi interruttori? Si formano quelle che vengono definite porte logiche. Tutti avranno sentito parlare di AND, OR, NOR, XOR, NAND. Sono tutte porte logiche, e il loro compito è di trasformare gli 1 e gli 0 secondo quelle che vengono chiamate tabelle di verità.

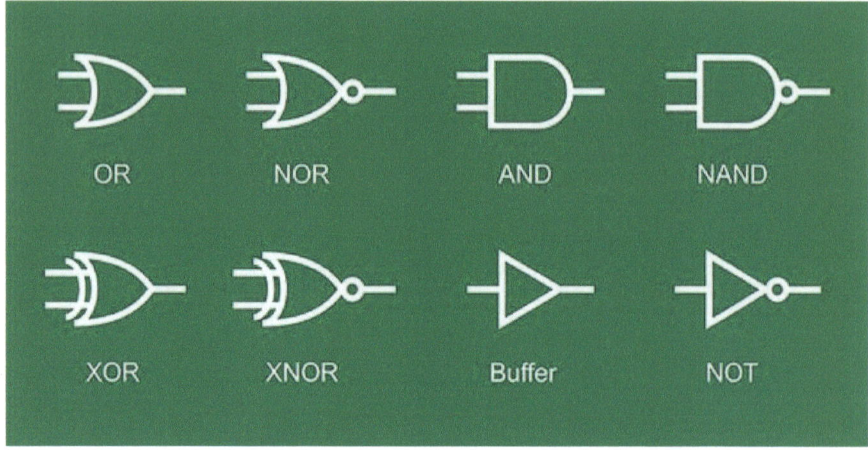

La tabella di verità di questo circuito è semplicissima:

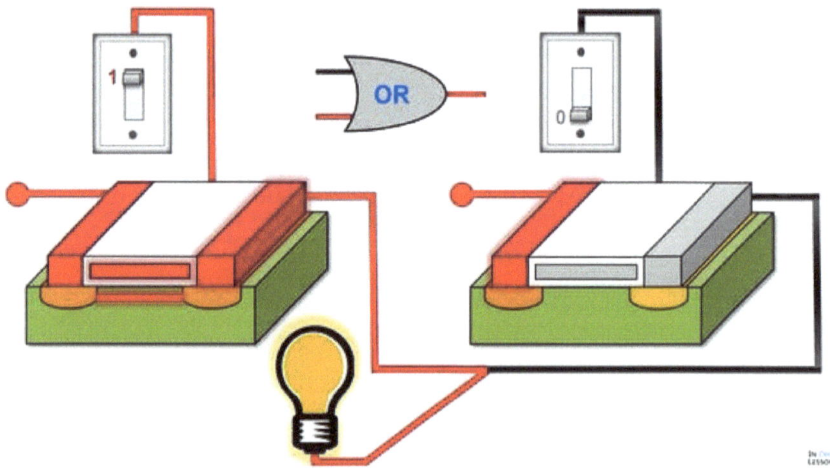

La lampadina, in questo caso, è spenta solo se tutti e due gli interruttori sono spenti. Se solo uno degli interruttori è accesi, o lo sono entrambi, la lampadina è accesa. Abbiamo creato la nostra prima porta logica, una OR.

Una operazione come 3 + 6, che in codice binario è 11 + 110, può essere eseguita utilizzando degli Adder, composti da porte logiche che sono a loro volta composte da transistor.

Dovrebbe essere chiaro a questo punto come funziona un computer: partendo da un gruppo di transistor si creano porte logiche, che a loro volta vengono messe insieme per realizzare circuiti capaci di piccole operazioni come la somma o la divisione, che possono poi essere raggruppati per svolgere operazioni sempre più complesse, fino a eseguire le istruzioni delle ISA.

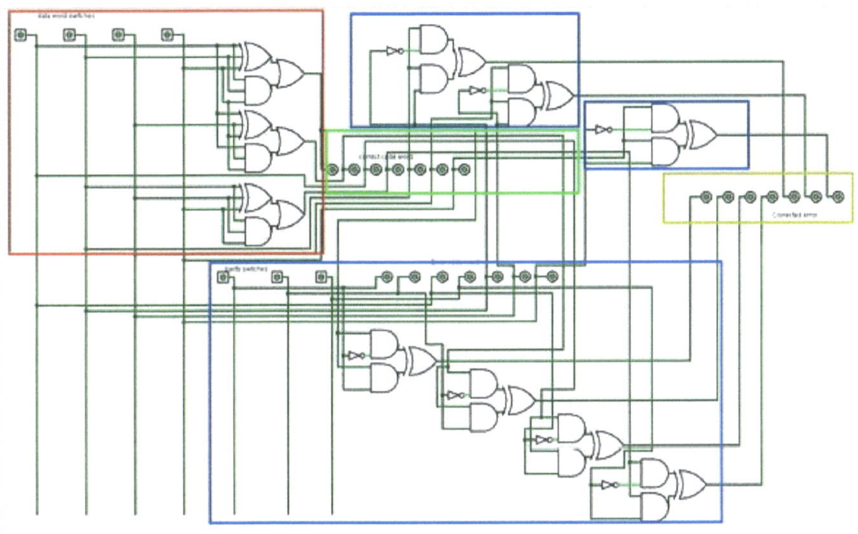

Come nella programmazione esistono tantissimi modi per fare una sola cosa, esistono anche moltissimi modi per fare un circuito (come un Adder), e non c'è un numero fisso di transistor usato: dipende dal design.

L'importante è capire oggi che un processore ha miliardi di transistor, e questi miliardi di transistor sono usati per creare decine di milioni di porte logiche collegate poi tra loro per andare a comporre l'Aritmetic Logic Unit della CPU, ovvero quella parte capace di eseguire i calcoli.

La cache

Una CPU, l'abbiamo visto nella prima parte del nostro viaggio, non è fatta però solo dall'unità aritmetica. Mentre esegue operazioni come la somma, o mentre esegue calcoli complessi, deve memorizzare anche valori parcheggiandoli in quelli che vengono definiti registri. Questi parcheggi vengono anche loro realizzati utilizzando porte logiche: i bit in uscita vengono rimandati sull'ingresso in una sorta di loop che non si arresta fino a quando non viene a mancare corrente.

In questo modo viene costruita la SRAM, o Static RAM: i registri, o la cache, vengono creati in questo modo, usando quindi porte logiche e transistor. Una soluzione velocissima e affidabile, ma anche molto costosa da produrre proprio per il modo in cui viene costruita.

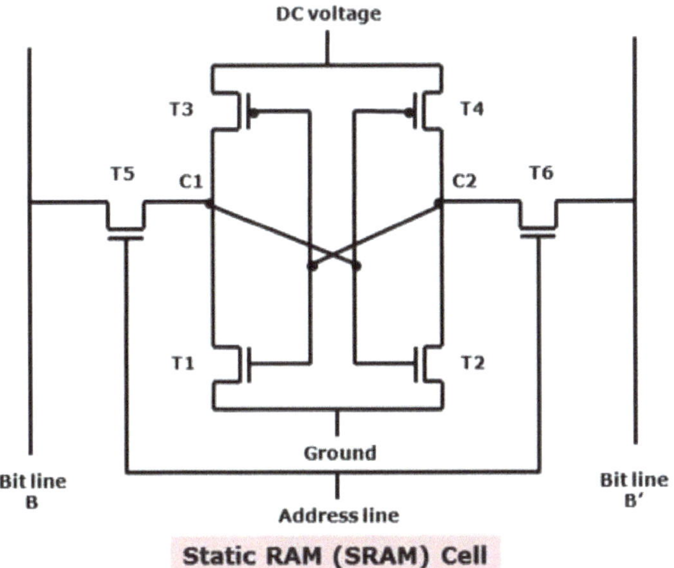

La RAM classica (DRAM) invece usa un solo transistor che serve ad accedere alla carica memorizzata in un condensatore: occupa meno spazio, è scalabile e può quindi essere "impacchettata" per creare memorie di grande capacità, anche svariati gigabyte.

Il clock per mantenere tutto in sincrono

Dentro il nostro processore abbiamo quindi miliardi di transistor, porte che si aprono e si chiudono per far passare la corrente e trasformare quindi input in output. Tutto dev'essere fatto in modo corale, sincronizzato, il cambio di stato di una porta logica da 1 a 0 o viceversa deve avvenire nello stesso istante per tutti i transistor del processore (o di zone del processore) ed è per questo motivo che esiste il clock. E' un po' il metronomo, un segnale che viene distribuito a tutti i componenti e che detta il tempo con un ciclico "su, giù, su, giù". Più volte si passa da "su" a "giu" in un secondo e più alta è la frequenza del processore, frequenza di clock, e più alti sono quindi i cicli che un processore esegue nel processare le sue istruzioni, come abbiamo visto nella parte uno.

Questo è il collegamento tra le due parti: il ciclo di esecuzione di una istruzione, che porta quindi all'esecuzione di una istruzione completa o di una parte, è essenzialmente un cambio di stato di tutti i transistor del processore o di una parte di questi.

Per far andare il processore più veloce si ricorre all'overclock, ovvero quella procedura che permette ad una persona di alzare la frequenza di lavoro scelta dal produttore per aumentare le prestazioni: se tutti i transistor si muovono più velocemente aumentano il numero di operazioni svolte in un secondo.

Esiste però un limite a questo: abbiamo visto che fisicamente stiamo giocando con la corrente che aziona diverse porte logiche, e quando noi aumentiamo la velocità di clock dobbiamo essere certi che tutti i transistor del processore riescano a finire quello che devono fare in quella unità di tempo. Se per qualche motivo un transistor non riesce a finire quello che sta facendo, quando gli altri hanno finito e quindi non regge il clock, il processore non funziona correttamente e inizia a presentare problemi e instabilità.

Quando più di un transistor non riesce a rispettare il clock il processore non funziona più: ecco perché, oltre ad un certo livello, l'overclock non è possibile. Quando viene disegnato un processore, anche in base ad alcune scelte progettuali, viene definito quello che è un punto critico, ovvero quella frequenza oltre la quale i transistor non sono più in grado di tenere il clock e iniziano a produrre dati sbagliati.

Vedremo poi, nella parte di produzione, che non tutti i processori escono perfetti: su miliardi di transistor una buona percentuale non funziona ma questo fa parte del gioco: tantissime unità all'interno di un processore sono duplicate proprio perché esiste il rischio che una non funzioni correttamente.

Come si varia il clock? Non esiste ovviamente un "pomello" di regolazione: i transistor sono porte comandate elettricamente e più alta è la tensione più il cambio di stato avviene velocemente. Aumentando quindi la tensione che forniamo al processore aumenta anche la velocità di cambio di stato e quindi il clock. Ma aumenta anche il calore, perché alla fine ogni transistor come abbiamo visto usa la corrente per azionare le porte e questa corrente viene poi dissipata dal transistor stesso.

Il clock si mangia quasi il 40% della corrente consumata da un processore: è il componente fondamentale, quello che apre o chiude le porte.

Tutte le porte sono in qualche modo connesse al clock, un segnale che deve arrivare contemporaneamente in tutte le zone o in tutte le porzioni del chip, perché se così non fosse alcune zone sarebbero fuori sincrono.

Le connessioni all'interno del processore, se così possiamo chiamarle, sono quindi strutturate ad albero con diversi metodi, una dei più famosi è la distribuzione ad H.

Questo tipo di distribuzione permette al clock di raggiungere le porzioni operative del processore nello stesso istante, mantenendo quindi sincronizzato il comportamento delle porte.

Per risparmiare corrente un processore potrebbe spegnere intere zone o porzioni inutilizzate, disattivando il clock per quella zona.

Tutto bello, ma i transistor sono miliardi? Come può un uomo collegarli tutti?

Disegnare un processore semplice è fattibile da tutti: uno dei circuiti integrati più famosi al mondo è la serie 7400 di Texas Instrument, risale al lontano 1966. All'interno ha solo 4 porte NAND. Verrebbe da chiedersi a questo punto come sia possibile disegnare e progettare processori quando queste porte diventano milioni.

L'uomo, da solo, non può farcela, ecco perché nonostante le aziende che creano e disegnano processori come AMD, Intel, ARM, Apple e Samsung abbiano migliaia di ingegneri al lavoro sui chip oggi sono questi ingegneri sono aiutati da software che dopo aver definito le singole zone si occupano di trovare il design migliore per soddisfare determinate operazioni. Verilog è uno dei più noti linguaggi per programmare hardware: codice per scrivere hardware.

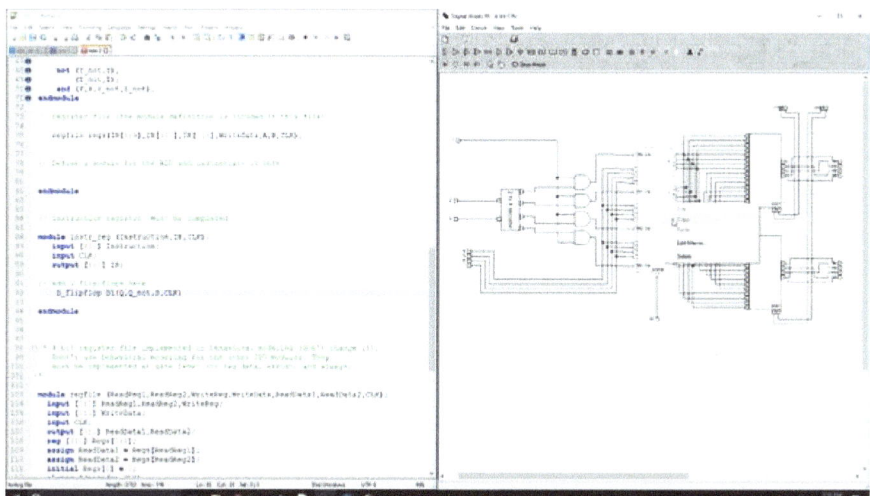

Il chip designer, dopo aver fatto creare al software la struttura di un processore, solitamente si lavora a zone, può ottimizzare certi aspetti cambiando la struttura e cercando soluzioni uniche.

La fase di progettazione richiede anche una lunghissima fase di test, che viene fatto ovviamente con una simulazione al computer: non è possibile produrre un processore per ogni test, il costo sarebbe troppo alto. Per ogni singola sezione di un processore vengono utilizzati tantissimi ingegneri che fanno test e verifiche per assicurarsi che tutto sia perfetto: il grosso lavoro di progettazione di un processore non è il design, ma è la verifica e tutta la parte di test.

Un processore non è un software, dove un bug può essere corretto anche dopo, un processore quando un design è finalizzato non si può più correggere, se non con successive revisioni che però portano a dover rivedere tutta la progettazione del chip. Un bug in un processore è la peggior cosa che possa capitare, perché oltre alla perdita di dati per chiuderlo si devono usare patch software che possono anche portare ad un calo delle prestazioni.

Dovremmo a questo punto aver unito le due parti: grazie ai transistor e alle loro particolarità si può controllare il modo in cui la corrente passa tramite una serie di porte, e combinando queste porte si fanno calcoli matematici. O si memorizzano valori. Tutto, ovviamente, riportato a singoli 1 e 0: il linguaggio binario.

Quando i transistor sono miliardi, e le operazioni al secondo sono anche loro miliardi, nasce un processore moderno, capace di elaborare le istruzioni che gli arrivano in linguaggio macchina, stringhe di 1 e di 0, e di restituire il risultato sempre sotto forma di 1 e di 0, che poi verrà visualizzato a sua volta in un modo che l'utente può capire.

La prossima tappe dal nostro viaggio ci porterà a capire come miliardi di transistor possono essere inseriti in un quadratino di 1 cm per lato.

Come si produce un processore?

Tutto parte dal silicio, che è il componente alla base dei transistor. Il silicio, lo abbiamo già scritto, è un semiconduttore: può essere "drogato" con piccole impurità per essere trasformato da isolante a conduttore.

Non è un grosso problema reperire silicio: è in assoluto tra i materiali più diffusi sulla crosta terrestre, il secondo o il terzo. La sabbia delle spiagge ha una altissima percentuale di silicio.

Tuttavia per poter essere usato nei processori il silicio dev'essere purissimo: viene quindi fuso, di qui il termine fonderie, e purificato fino ad ottenere lingotti. I lingotti sono blocchi cilindrici costituiti da un unico reticolo cristallino, con un livello di impurità pari allo zero.

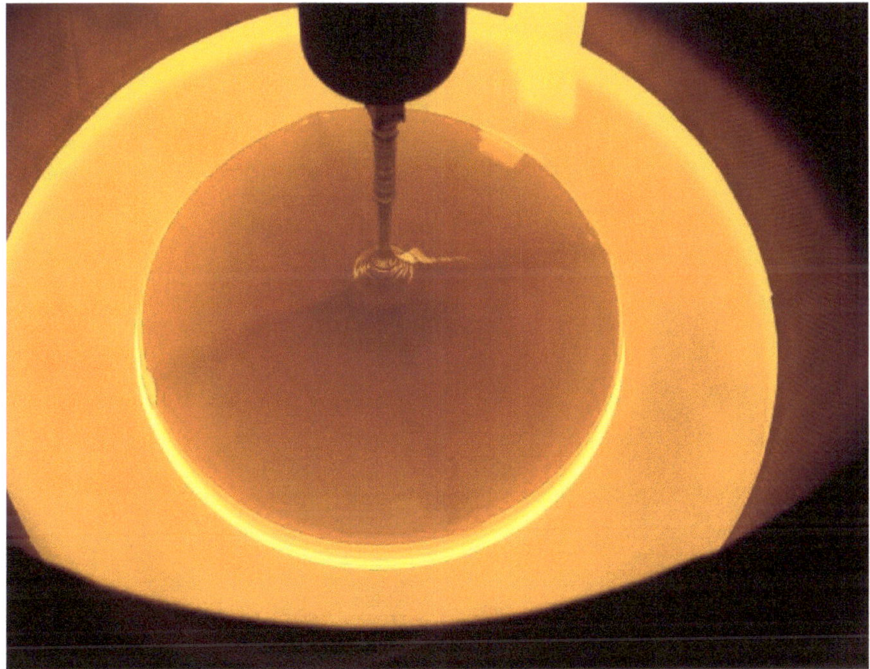

La dimensione dei lingotti è quasi uno standard: 30 cm di diametro, anche se in futuro sono state avanzate proposte per lingotti da 45 cm e da 67,5 cm. Prima di usavano lingotti più piccoli, ma dal 2000 circa tutti i produttori usano lingotti da 30 cm di diametro, pesanti circa 100 kg.

Dal lingotto, con una affettatrice, vengono ricavati dischi sottili circa 1mm: sono i wafer, l'elemento base dal quale poi si ritagliano tutti i chip.

Dalle maschere al processore: la fotolitografia

Inizia ora quello che è il processo vero e proprio, che ci riporta alla parte due del nostro viaggio, quando il chip viene progettato. Al termine della progettazione e del test di un chip, il produttore crea una serie di maschere, anche più di 50, che rappresentano una sorta di schema dei transistor e dei blocchi di un singolo processore.

La maschera può essere immaginata come uno "stencil", e viene costruita serigrafando un blocco di quarzo con strumenti ad altissima precisione. Senza una maschera perfetta non può uscire un processore funzionante.

Il primo passo per la trasformazione del wafer in chip è la fotolitografia. Il wafer viene ricoperto da un materiale fotoresistente: si deposita una goccia molto piccola, che grazie alla forza centrifuga ottenuta facendo ruotare il disco ad alta velocità va a coprire in modo uniforme tutto il disco di silicio.

Fotoresistente vuol dire che può essere impressionato se viene irradiato da una fonte di luce ultravioletta di una frequenza particolare, ed è un po' quello che viene fatto usando le maschere preparate nella fase precedente.

Le maschere, un po' come le ombre cinesi, vengono usate davanti ad un proiettore di luce e, tramite un sistema di lenti, il raggio focalizzato colpisce la superficie del wafer illuminando il materiale fotoresistente. Questo processo, lunghissimo, viene ripetuto per tutta la superficie del wafer e usando più maschere, per gestire zone differenti. Non stiamo ancora creando i transistor, stiamo realizzando quelle che sono le zone dove verranno poi creati i transistor.

La fotolitografia è la fase più delicata in assoluto, perché richiede una precisione estrema.

I produttori di macchine fotolitografiche e dei software usati per controllarle sono quasi tutti europei ed americani, ed è questo il motivo che impedisce a Huawei, con il nuovo ban, di far produrre processori a fonderie straniere. Trump impedisce di usare tecnologie Usa per la produzione di chip, e quasi tutte le fonderie, inclusa la cinese SMIC, usa prodotti americani.

La creazione di un transistor

Esistono diversi tipi di transistor e diverse tecnologie utilizzate dai vari produttori, quindi non ci dilungheremo in quello che diventerebbe in pochi minuti un trattato scientifico. Basta sapere che la fase di creazione del transistor consiste nell'aggiunta di impurità, e viene chiamata doping.

Il wafer, prima di venir ricoperto dal materiale fotoresistente, viene portato ad alta temperatura in una fornace e questo processo genera un sottile strato di ossido di silicio a sua volta ricoperto dal materiale fotoresistente. Terminata la fase di fotolitografia, il wafer viene immerso in una soluzione che rimuove tutte le le parti della superficie dove il materiale fotoresistente è stato colpito dal fascio di luce ultravioletta. Insieme al materiale fotoresistente viene rimosso anche lo strato di ossido di silicio, e si creano così dei "buchi" che sono i posti dove verrà creato il transistor.

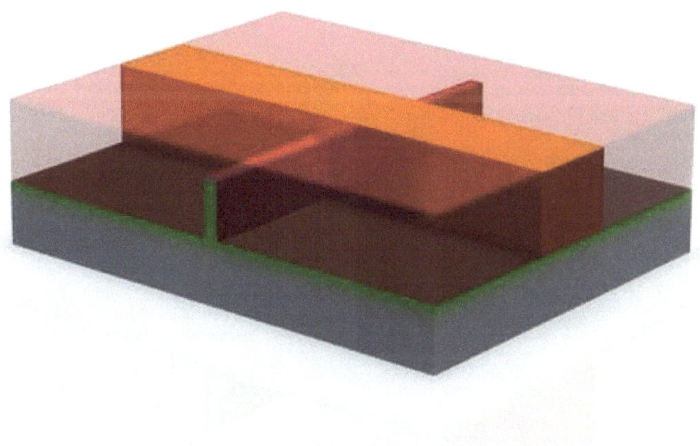

Lavorando strato per strato, nelle foto sopra alcuni passaggi, si vanno a creare il gate e tutte le parti che rendono un transistor funzionante, tutto con un processo chimico. Un processo lungo e delicato, che porterà ad avere miliardi di transistor tutti insieme sullo stesso wafer.

I transistor da soli non possono però funzionare: devono essere tutti collegati tra di loro. Sopra la base di silicio c'è una fitta rete di connessione disposta su più livelli, strati di metallo paralleli di diverso spessore, per gestire la diversa resistenza, interconnessi tra loro con passaggi verticali. Un labirinto.

Un wafer non ha all'interno un singolo chip, ne ha più di uno: il diametro di 30 cm permette di ottenere centinaia di chip (die) sul singolo wafer, uno di fianco all'altro. Più grande e potente è il singolo processore, maggiore sarà il numero di transistor che avrà all'interno e quindi minore il numero di processori di quel tipo su un singolo wafer.

Elevata difettosità

Qualcuno potrebbe chiedersi perché non realizzare allora chip molto grandi, con centinaia di core: si potrebbero realizzare chip grandi quanto il wafer, e sarebbero potentissimi. In realtà c'è un elemento che non permette di ingrandire troppo un processore, e questo è la difettosità.

Trattandosi di un processo chimico, il tasso di difettosità durante la creazione dei chip è ancora molto alto: al termine della creazione di un wafer un microscopio elettronico e una serie di altri strumenti analizzano la superficie e scartano i processori che ad occhio sono difettosi.

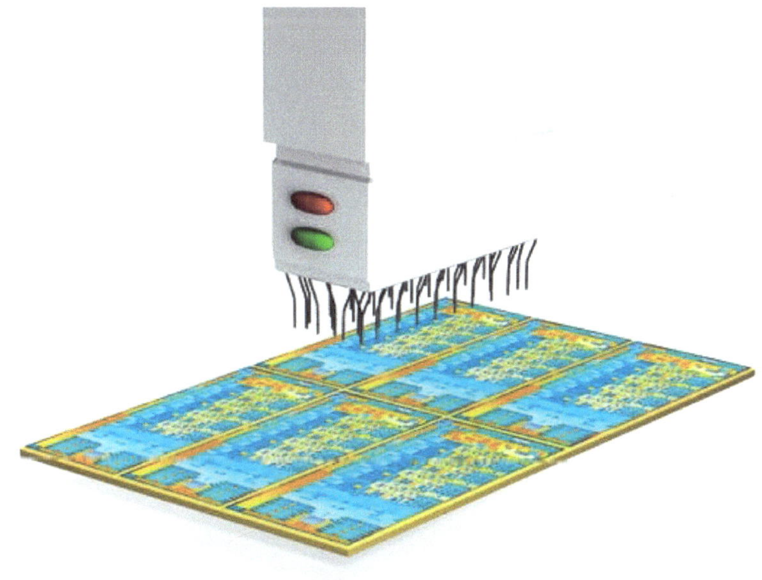

Nessuna azienda rivelerà mai qual è la percentuale di difettosità, ma si pensa che sui processori più grandi possa arrivare anche al 35%, quindi solo il 65% dei chip prodotti di ogni wafer escono "apparentemente sani".

C'è poi una seconda fase di test, e questa porta ad una ulteriore scrematura. I chip vengono infatti tagliati dai wafer in quelli che si chiamano "die", piccoli rettangoli che rappresentano il singolo chip.

Ogni die viene poi confezionato collegando i pin e aggiungendo una calotta di protezione, e diventa così il prodotto che viene venduto a chi realizza computer e universalmente viene riconosciuto come "chip". In questa fase ogni processore viene provato nuovamente, e vengono selezionati i migliori.

Ci sono processori con 8 core venduti come 6 core, perché due di questi core non funzionano. Spesso le aziende vendono processori sbloccati per overclock ad alte prestazioni: si tratta dei chip usciti meglio. Non tutti i processori sono uguali, anzi, possiamo dire con certezza che ogni processore è diverso dall'altro, anche se hanno la stessa identica sigla. In un processo come questo non possono uscire due chip identici: la chimica non è un processo perfetto.

Cosa sono i nanometri

Ci sono altre cose che esulano dalla produzione materiale, ma che sono interessanti per capire alcuni termini usati oggi dalle aziende in fase di promozione di un prodotto. Una di questi è il processo produttivo, che viene identificato dai nanometri.

12 nm, 7 nm, 5 nm, cosa vuol dire? Non è la distanza tra i singoli transistor come molti possono pensare, ma lo spazio minimo che intercorre tra source e drain all'interno di un singolo transistor.

Tuttavia questo dipende molto dal tipo di transistor usato, ed è per questo motivo che processi a 7 nanometri di due produttori differenti non sono equiparabili. Non c'è uno standard, quindi è sbagliato dire che i 7 nanometri di AMD (TSMC) sono più avanzati dei 10 nm di Intel: sono processi produttivi più simili di quanto si possa pensare, ma hanno usato riferimenti diversi e transistor diversi.

Bisogna poi considerare che mentre i transistor più piccoli sono più veloci a cambiare di stato, ci sono transistor che devono essere più grossi perché devono gestire più corrente, e quindi devono essere dimensionati opportunamente. La scelta di un determinato processo produttivo è legato anche al tipo di processore che si deve realizzare. Quando nel 2018 Qualcomm ha presentato i SoC Snapdragon 855 a 7 nanometri, i modem 5G abbinati erano ancora realizzati a 14 nanometri: non potevano produrre quel particolare chip con una tecnica produttiva che richiedeva transistor più piccoli.